AF118660

How to Play Sudoku?

Sudoku is a puzzle Based on a small number of very simple rules:

1. A Sudoku puzzle consists of a 9x9 grid divided nine 3x3 boxes.

2. The objective is to fill in the empty cells with numbers 1 to 9,ensuring that each number appers only once in each row,each column,and each 3x3 box.

3. Initially,some of the cells filled with numbers.and you need ti use logic and deduction to fill in the remaining cells.

4. No row,column,or box can contain repeated numbers.

5. The puzzle is solved when all empty cells are filled and the above conditions are met.

To summarize,Sudoku is a number-placement puzzle where you need to fill a 9x9 grid with numbers from 1 to 9,ensuring that eacch row,column,and 3x3 box contains all the numbers exactly once.

Example:

The three question marks are in places where there is a missing value.
Because the rest of the line or box is complete, it's easy to find which value must be left:

- ✓ The only number missing from the horizontal row is a 2.
- ✓ The number missing from the vertical column is 8.
- ✓ The value missing from the box is a 6.

	?							
7	9	5	4	8	3	1	6	?
	6							
9	1	4						
8	3	7						
2	5	?						
	7							
	2							
	4							

THIS BOOK BELONGS TO

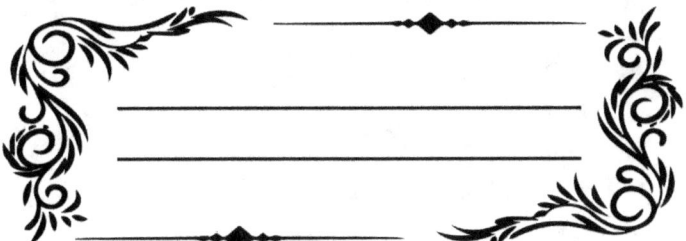

8	5	1	7	2				
	3	6			5	4	7	1
	7	9	3	1	6			
	4	5				9		
1		8						7
	2			4		1	8	
		4		3			6	
	6		9					4
	8		4		7	2	1	9

	8		9			7		5
		9	6					
2				8	7		3	1
	2		8	1		5	7	3
	9			7		1	4	
		1		5	6	8		
4			1				5	9
9						4		8
5	1	8	3			6		

3	4	9	8		1	2		
2	7	5	3	4		8	6	
1	8			7	5			
	2	8	4	9				
5		1				6		
			1	5			9	
			6					3
		3	5		7		2	6
			9	1				8

1		7	6	9	8		3	
2				7				9
					2		6	
		1	2	8	3			
4				5		8	1	2
	2	6		4		7		
6					5	9	2	1
3		2		6	9			8
	8	9		2				

	9		3					
			1	9				
	8	1	5			7	9	
	7	3		2	1	6		
8			6				7	
1		6	7	5	8			
6	3	8				1		
	1						3	8
2	5	9	8	1		4	6	

					1	6		4
9	2	8		4			7	
					9	8		2
		1		2	4			
8	4	3	6					9
	9		7		8		4	6
			8	5	2	4		7
4		6		9	7			5
7		2		6				

5 **6**

7 **8**

	7		1	4	8			2
		3		6		9	1	4
	4		3		9	7		8
		2		1	5			7
	1		7	8		6		
		5						1
	3			7	6		8	9
		7				1		
	2			9			7	5

		6	3		9			
1	8	9						
				6	5	1	9	2
4	7	1			2		8	9
	9				4	2		6
	5		7				1	
8	6				1			
	1	5		7		8		4
2						3	5	1

	3	2	6		8		4	
1			3				2	
	8		1	2	9		3	
	5			8				
		3			6	5	9	8
9					4			
	7	9	4	6	1	3	5	
		6		5	3	9		4
3				9				

	9			2	7			6
			4	6		9	3	
	8		9	3				7
	5		2	9	4	7	8	
8		9				3		5
			8			2		
			1		5	6	9	3
9	6	5		4			7	8
		7		8			2	

	5	3	6			2		9
1		9			2	5		3
4	2		5					8
			3	9				
6			8	2		7		1
9		5	1		6	8	3	2
5	4				8			
8		7	2	5			1	4
						9	8	

				8	9	2		5
8			3	4		7	1	
			7			3	8	9
	4	6	5		3	8	9	
	8					6	7	3
	9			7				
3			2			1		4
	6	5					2	7
9		1	4	6				

	2		5	7				4
6	4			3				
5		7	4					8
	1	4		6	5			7
			8	1			2	
	8		2		7		1	6
7		1	6		2		8	9
	5	2			3			
8	6		7	5			4	

	8	5	3	9		2		
	7		4		5		9	1
			7	2	8		5	3
9		4			6			5
8	5					3		
			1	5	9	6		
				4	2		3	7
	4		6					
		2				1	6	4

13

14

15

16

3	6			4		5	2	8
		5				7	3	1
1			2	5	3	6		
7			4	8				
5	3		9	2	6	1	4	
4			7			9		
	5						1	6
6						8		
	7		6	1		3	5	

	5	8	9	7	4	6	1	
9		2	8		6		5	
6		1		3	5			
		9	7					
	6	7		8		3	9	4
	8			5				
		5		6		9		8
	9	6	3			4		
	3				7			1

17

8		2	4	6	5	1		
	9		3	7		8	6	5
			9	8		4	7	2
	8		6					7
	4					2	3	1
2		7			4	9		
		3	5	4				
5		8						
		4	7					8

18

	4		1	2		8		5
	8		7	5		3		
7			8			2		9
5	2			4	8	1	3	7
3	1						9	
	6	7		9				
4	7				2	9		6
	3			8			2	
			4			7	5	

19

			5	2	6	3	7	
7		2			9			
9		5	4		7	2	1	8
4		3					5	1
			6	1	4	7		
					3	8	9	
6	9	7						3
8		4				9	2	7
					8			6

20

3		4		8	1	2	6	9
			4			8	7	
		8			6	1		5
8	2			7			5	
		7	8			9		
4		1			2	7	3	8
			9	1		3	8	6
		5			8			
6			2		7			1

21

2	4		1		7	3	8	
		5		3	6			7
	7			8	9			
			5		4	2	6	8
				1				4
8					3	5		
5	9		8		2			
6	2	7					5	
		8	9	6	5		7	2

22

1	9	6	3	5				7
8			2			3		1
	2						8	
5	3	8		2	7	6		
	6			3	1	4	5	8
	1	9	5					
6		2		9				4
9		5		1			7	
			8		2			

23

3	9		6	8		2		5
2		1			5	3		9
6		5			9			
	5			7		4		
4		7					5	8
					4	6	1	7
9		6		2		7		
	4			9	7			6
				6		5	9	1

24

		4			6	1	3	
3		6		8		9		
	1	7	4			2		6
	8	5	3					
1			2	4			7	
		2	8		7	5		
6	7	1		5		3		4
		3					9	5
9		8		3				2

	5	4		8		9		
	2					3	6	
1				3			4	5
9	8	3	5		2		7	
6	1	2	3			5		
4		5						1
8			1	2	5		9	4
		6		4	3		5	
5			9					

		1		4	3	6		
5		7			2	1		9
8	3				1			
	9		1					
	5	8	2					7
	1					4		
1	8		5			9		
3		5	8				6	4
2		9	4			5	8	1

25

26

27

28

	3		7			8	4	6
	4		1	6	2			
			3	4		2		
	9	6		5		3		2
	7		2		9		6	1
		2		7			8	
1					3	6		
			9		6	5		
	6	3	5				2	4

8				3		6	1	
	6	2		7				8
	1	9		6		2		
7				4	9		2	
2				1	5	7	3	9
1		3				5		6
	2	5				1		4
	3		1					
9			4		6	3		

29

	1			7		2	6	
	5	2	1					
			2	6	4			
9	7				8	4	2	6
				2	9			3
		1	4					
	2			8	7			4
1		6		4	2	8	7	5
8		7				6	9	

30

4	7		8			9		2
	6			4				3
5	1			9		6	8	
1	9		7	8		3		6
6	3	7		5	9		2	
						5		
					4			
7	2				1		9	8
			9	2	8			7

31

					7	2		
		8		9				
2			1	5	8	4		7
				7	3	8		9
6	5		2	8		7	1	
8		3	9				2	
4	8	1			5	9	7	
	6	2	7					1
3							4	5

32

		3	7			1	5	
	7	9	3		8	4	2	
5	2			1		7		3
	4	2	5	9		3	6	8
3		8	4	2		5		1
		5						
	5	7		3				
	3		2			6		5
						2		

3	5	2		8	1			
	9		4			3	5	
1			9					
8			1	9	3			
				6		2		3
4			2	7			9	5
	8	9	3		2	5	6	
		1	7			9		8
5	6			4				

		4		7	8	3		
2	6		3		1		4	5
	5			6		7		
5			7	8	6	4		3
4	2		1	5		9		
	3	8	9		2	5	1	
				3				9
	8	5					7	
				2		1	3	

33

34

35

36

4			9	8			7	
9		8			6			4
	7	6		3				
7	9				8	3	5	6
	8		6				4	1
		4		9			8	7
6	5	7		1	9			3
		9			2	8		
8			3	6			1	9

4	5		6		8			9
	1	6	9	3		7		
				4	7	2	5	
7		5		8				
6	4	8	5			9		7
				6	4			
		2		7				
	7	1	8	9	6		4	
9				5	2			

37

8	1	7				9	4	5
6					9			
	4		5	8	1		3	
3	7	8	1					
						6		3
5	9			4		1		8
		5			4	3	6	
1	6			9	3			7
7	3			1	5	4		9

38

6	3		4		9	2	5	
5		8			2	7		9
	9	2		5			8	4
7	5			3	4		9	
		4	1				6	
			5					
		3				4		5
				6	1		7	3
9		1	3			8		

39

1	2			8		5		4
8		4				6		
7			9	5	4			
	7			4	2			
	1	8			9			6
	3					7	4	
5	8	2			6		7	1
		1			5			2
	9	7	2					3

40

				6	8			3
9	2	3		5			8	
6				2		7	4	
	6				3	4	7	5
3	7			1	4		9	6
8	5			9	6		3	
				4		9		
2	4			3		5		
		8		7	2		6	

41

				3	4			8
3			5	9		1		
9	4					2		5
	1		9			7		
7			4	5				
	2	8				4		
	3	4	8	1		5	6	7
			6		5	3		1
	6	5		2	3			4

42

3	6	8	1	2	7	4	9	
		9		4	6		2	3
4	7	2		3				
6	2	1	3			9	5	
9		3						
5		7	2		1		3	6
	1			6			7	9
		6			3	5		
2								

43

1				7		6		4
7		6			4		8	2
		2	3	6				
3		7	2			8		6
		4				9		7
9		1	8					
				8			9	
6		9		2		4		1
2	1	5	4	9	3		6	

44

	1	7			8		2	
					1	9	6	
6				5	4	8		1
2		9	1	4				7
1			5					
5	3		2	6	7			9
8				1	6		3	
9		3	4		2		1	
	2	1		3				

45

	9	4	6		8			5
8	7	1		9			6	4
				1	4		9	
	5			4	3			
	3	9	2	8		5		
2	8	7			6		4	9
	2		8	6				
9				3	2			7
			5				3	

46

		3	4	7				6
	7		9	2				
1		9						
9	6		7	1				
5		8				2	6	
3		7	8	5				1
	9	2		3			5	
7			5	6	9			4
			2	4	8	7		9

47

			2			3	6	5
2	6	3						9
		5	8				2	1
	5			3				8
			4	8		6		2
1	2	8		9				
5	1	9	6		8	2		3
6	3							7
8						1	9	6

48

3	7	5		8	4		6	9
4				5	2	3		
	2		9		3		1	
		4		2	1	6	9	
2	8	6						
	3	9	7	4		8		
			3			1	7	6
5							2	8
9				1		5		

49

1		8		3	4	6	2	
		2	5	1				
		3		8	6		4	
	2	1	8	5			6	4
			1	4		8	7	
8	7				3			
			6		1	4	9	8
				7		2		6
			4		5			7

50

2	4	5				6		
							1	
				7	5	9		
4	1	2		5	3		9	
		9	6		8	2		7
6		7	9	4				
3	2							
9		4		6		1	8	
	7			9	1		5	3

51

	5	9	7	3		8	2	
			9	2				7
		7	8		5			
	7		2		8		9	
	8		3		6			
				4			8	6
	6		4	5				
7	4	3			2	9	1	5
	2			7		3	6	

52

		2	9		5	3		8
			8	6				7
		8			4		9	2
8	3	7			9		6	5
6							8	
9					3	1	7	4
	8			4	1	5		9
5			3					1
	4	3	5		8			

53

6							7	5
3		1			4	6		
	8		6			2	4	
	4		8		3		6	7
		7	9					
	9				2	5		8
4		5		2	7			
		8	4	9				
	7	3	5	6	8	4	1	2

54

6		7	2		5	9		
	1				6			
2		5	9					6
5	9	1						8
3			5			6		4
	6	4	3		2		9	
1	3		7	5		2	8	9
7		8				1		5
							6	

55

					7		2	
3		9				5	1	7
7						6	4	
		2		7	1			
9			5		8			2
		8		9	3	7	5	4
	9	5	7		4			
6		4		1		2	9	8
2			9	8	6	4		

56

	7	3	2	8	4			
4	2	5						
					1	7		4
5		8		9	6	2	4	7
7	1	6	4	2			9	8
				7			1	
3	4			5	9		7	
		1		4				9
	8					4		

	7	6						
9	2	8	5		7			
			1	9		8		
6		2		4				
	9				3	6	5	
8		3		1	5	2	7	
4		7			8	1	9	2
	8			2		7		
2					6			3

	8	6	5		1			2
2		3				9	7	
7				3			1	
					6	7		
6		4				1		
1			9		7	3		6
4	5	2	6	1	3		9	
		1	7			2	4	
			8		4		6	

57 **58**

59 **60**

			1	6	9			4
1		9			2		6	3
	2				8	9		
		8				5		6
2	6		5	9			7	8
		4	8	7			1	
4		7					9	
				3		6		
6	9			1	4			7

			5	3		8		
	1	9	4		2	6		5
		5	1		8			
1	9		8	6				
7	5				1			3
4		2			3	1		
	2	1		8		7		
9		8	7			3	1	
3	7						5	

61

	8	7		9	2	4		
2	6		5	4			3	
4		9		8		2	1	
	9	6		1		7	2	
	2		8	7			6	9
7			2	6		1		4
	1				6		4	
			9	2		5		
					1			

62

8				6	3		2	9
9			1					
		5	7	8			1	4
5	8	7	6			4	3	
6	2			3	5	9		
							5	
4						3	9	
		9		2	6		4	
3	1	8			7		6	

63

4				9	7	2		8
	8	1	5	6			3	
9		2	8					1
				8		7	4	2
3		7			1			
	2		6					3
6		8	4	2	5	3	9	
						8		4
2	9	4					1	5

64

		5			6		4	
	3	9	4	1		2	5	7
			5				1	
		8	7		1	4		
4		6		5		7		1
	7		8	6	4			
		7	1		5		9	3
	4			8	3			2
			2				6	

65

1		8		7				
		3	8		5		2	7
		9				6	5	8
		6			4	2	7	1
5	1				9		3	6
3					1	5		
	3					7		4
9	6	7		4				5
4	8	1	3					2

66

8	6	4	2					7
	7		4		8		2	
		2		1				
							4	8
		8	9	4	2		5	
4	1			8		3		2
2				5	4	8	7	
7	8				9			
		3		2		9	6	

67

6								1
7		5	6		1	9		2
	1	9			3	4	6	7
		8	3	6				
1	6		2			7		8
5	7	4	9				2	
4	8	6				5		3
9	5		8					
			7		4			

68

2		7	5	1	4			6
1		8		3	6			
	6				8		9	
8			6	9				
					3	8		9
9	4	2					6	
	2	9		8	1	6	5	
4		5	2		9			8
		3	4		5			

5			6		9		7	
6				5	4	3	8	
1				3				6
2		4	9		1		6	
8		1		4				
	6		8		5	9	1	
			4	6	3			1
	1	5	2	9	8		3	
		6				2	4	

		8		2	3	9	7	1
					9		4	
9	6	7	4	8	1			
2							9	7
7	8	1				5		4
		5				2		6
	7		8			4		
5	1				4		8	2
	2		9					3

69 **70**

71 **72**

				2	7		5	3
1	4	2	9		3			7
	7				1	4		
			3		8	5		
					9		3	1
	3			7	2		4	
9		4		3			1	
7	1							
8	5	3	1		6		7	4

8	9		3		2			4
		5		9				6
6				8	4			
9	4				6		7	3
7						6		
3	5		8		9		4	
			9	4		7		2
1		4			5	8		9
			6			4	1	

73

	5		9	7		3		
	9		1	6	4	5		
	7		2	3			9	4
5		6						8
		7						5
	3			2		7		1
7								
4		5		1	9		6	7
	6	2			7	1	8	3

74

	9	1					3	7
	4	8		6			9	
			3	9	5	8	4	1
2	1	4			8	3		
7	6	5		2		4	8	
9			6		4			5
1								4
	2			3	6	7		
	5				9			

75

	2	4		8	6		9	
1			7					
8					1	5		
2	1						7	5
	5	3	9	2			4	
	8		1			2		9
			4	1	8			7
5		1			3		8	2
7						4		3

76

6	1		3	4				
5	9		1			7		
7	4		2			1		3
		7		6	1	9		4
4						5	1	
1	5	9	4	2		3	7	
					9	2		1
				1			8	9
				5	2			

77

	6				5			
	4	3	6	1			2	9
		2	4		7	5	6	
			5				8	1
	7	1	3		9	4	5	
2		8			6		3	
8	9		7	2	4		1	
							7	
7		4		5				6

78

4		2		6		1	7	3
		7	2					5
1	5		8		7		9	
	7		5		6	2		
	2			1	3	9		
		6		9		3		
2	3		6	7	9	8		1
						7	2	6
7			1	2				

79

6		9	2			8	5	7
1			6	5			4	
	5	3			4	6	2	
2		7	1		3	5		
			8			3	1	6
3			5			2		
		6				1		8
4	2			1		7	3	
					7		6	

80

7		9					1	4
	5			6	4			
8	6			7	9	5	2	
6	9	5	7	8		4	3	
				3				
	2	1		9	6	8	5	
					3	2		8
		6	5		7	3		1
	4							5

		8						2
	2	4			6	7	5	8
	9				2	6		1
9		3			4		2	
						3		9
4	7		1	3	9			
				1		5	7	3
	1	7	2					
8	3	6		5		2	1	4

2	6	8	1		4		5	
4	9		5		2		7	
					8			
	4			8	9	2		
	8				5			6
			3		6	7	8	4
3			8	9	7	4		
9		4	6	5		8		
			4					9

81 **82**

83 **84**

1						7		
	2	5					9	
7			2	8	9		5	3
		7				3	2	4
						8		
3		2	8				7	9
2			4		8	9	6	
	7	3	6			5	4	8
	4	8			5			

9	1			6	3	5		
			1		5			
	6			9				
6		1	9			8	5	
	5	9		3			7	4
7		4		2		9		3
	9	3	2			4	8	
4	7		3			2	1	
				8	4		9	

85

7	3		2		5	6		1
				8				7
					7	4	2	
				7	2	5	6	9
2		3		6		8		4
	9	6	8				7	
8		5				2	4	
				5	8			
	1		6		3		5	

86

	6	1	9		5		4	2
5				6	2	3	7	
2	3		8	1			5	6
			5	9	6			
8						4		
	1		7		4	5		
				5		7	1	9
	5		6	7		2		
9	2				3		8	

87

4	9	8					3	1
		2	4	9		8	7	
	5	6				2	9	4
		4	7					8
	6		8	2		7		
8		9	5		1		2	
2			3					5
	4	3	6		7			2
							4	

88

		7	8			6	9	5
4		9					2	
						3	4	
1			6	4	9	5		8
	6	4	5			9	1	2
	5		1		7		3	
8		5	4		1	2		
				8				
2			9	6		1		

1		2		6	4	9		
6	3	4	9	8				2
9		5			2	7		6
5		6	1	9		3	7	
					5	2		
8				7		5		
2						4		
				2	1		3	
		7		5	9			1

	3			7		4	9	
5	4			1	3	7	2	6
			9		4			1
8		1		2	6		3	
3	9	4						
		2	3			8	1	
		3	4				6	
9	8	5	1					3
4	1			3				

89 **90**

91 **92**

			4					
8						6		
7			2				4	5
5	8			7	4			
			8		2		3	
2	9		1		5		7	8
			5	3		1	6	2
	5		6	4			9	7
6		8	9		7	3	5	4

1	3		6				2	7
		9			2			5
			4					8
4	9	5	1	3		6	8	2
	8	3	5				1	
6						5		3
9		7		8				6
								4
	6	4		9	5		7	1

93

	7	3		6	4	2	9	
2	1			3			5	6
9	6	4		5		8	3	
7			4				8	
1		2		7	5		6	
				2				
4			2	8		1		
3	5	7	6			9	2	
		1		9			4	

94

8		9		1		4		
7			6	4	8	9	1	
6	1		5					
		7		3		6	9	
3	8	2	9	6	4			5
9			2					
	9	8				7		
	7				9	5	3	4
					6		8	9

95

9	7	2					6	4
3							5	7
		6	7	8			2	3
		1	5	3	8	6		
							8	
6	3					5	4	1
		3			2	7		
4	5						1	
8	2	7		9	6	4		5

96

5	1		9	3				6
3		9		4				
6	7		8		5	9		
			4		1	6	8	
	6	2	5	7		3		1
					9		4	7
							5	
2		7	1	5	6		3	
		5		9	3	7		

97

		4	7			2		
		2				8	4	9
	8					6	5	7
6	7	1	9				3	2
		8	2			9		
			5			7		1
	2		1		3			6
	1			4			7	5
			6	9	5			8

98

6			5	4		2		
	4		3	2			5	6
		7				4		
3	1	6		5	4			9
		9		6		7	4	
4	7	2	9	8	3		6	
1		4		3			7	2
	6		4	7	1			
				9				4

99

	8	3					9	
	9		1					8
		6	7			3	5	
	5		9	1		8		6
1	6		2	4		7		
9	2			3		5		
8	4							
	7		3	2	1	4		
	3		8		4	9	6	

100

	3		9			4	6	7
7	1		4		3		9	8
	5	4	6				1	2
		7	2				5	6
3			5				8	
			8			7		
	9	1					7	
	7			6			2	5
	8		7			1	3	9

101

		9	4	5	7	2	3	
4		3	9		6			8
		5			3	6		4
				6	9			
	8	4		7	1		2	3
3		7	8	4		1		6
			6					5
9		6	7		5			
7				1		3	6	9

102

	5		3		9	7		
9						1	6	
		6		8	4	2		
5	1					9	2	6
	8		9		2	4		
7			6					
				9	8		3	7
	9	5	7	3				
		7	4	5	6	8	9	

103

		7	4	6	9	1	3	
4	1		7					
9					5	2		
1	9			5	7	4		2
	5						1	
				9	4	5		
	4	2			1			6
3	7	9	5	4				
	8	1	9			3	5	4

104

3	1	2	6		8	9		
	6			1	3	2		
			2					1
5		8	4			1		
	9	3		5				
1				8		7	5	3
	3	9		6		5	8	
		6		2			1	
					7	4	6	

105

4			2	6	9			
				4				2
9	6	2				7	4	
8		7						9
			4	7	2		8	1
	2	1				6	7	
		6	3			5		
2	3	4	5			1	9	
		9	6	2			3	7

106

6	1		9					3
8						4		
2	9	5					8	1
	6				4	1	7	5
1	5	8	3			2		
	4				5	3		8
3						9	2	
		6		3			1	7
	2				7	8	3	4

107

		9		1			3	6
	3	2	6			5		
6			2	3	4	1	9	7
2					3		1	9
							4	
3				9			6	5
				4	6	9	2	
		3			1	4		8
4	2			8	7		5	

108

		9	7	6				3
6			3	8	5			1
3		8			9	5		
				5	6		1	
	6	2				8	3	
8		1			4	7		
	8					3	4	7
7			6	2	3		5	
			4		8	6		2

109

		9		2	3			1
5						9		3
		3	9	5				
3	9	7	6	1	4			5
		4		3	5		1	
							6	
	8	2	3	6				
	3			4		1	2	6
7	1	6	5					

110

		9	2		4		1	8
1		7	8			4	3	
	8	3	1					9
	7	1	5	8	3	2		
6		8				5		
	4						8	
	9		6				5	2
7	1				8	3		
	5	6	3		9	1		

111

				2			1	
5		2			9			6
	4	1	8	6	7			2
6			7			1	4	
		8			1	9		
9	1	4	6		3		2	
4			5	8	6	2	7	
						6		9
			9	3		4	5	

112

				5		8	4	
2	7	4			8			
	3			9	6	2		
4	8						3	
						7		8
5	1		9	8			6	2
3	5			6				7
	4	9		3	2		8	
		2			9	3		4

113

1							7	5
	2			7	9	3	4	1
	5			1		9		
	7				5		3	4
			3	2	4	1		7
	9		7		1	5		2
			2		8	4	1	6
8	1					7		
	6			5			2	

114

1	4		6	3				5
3	5	9						
6		8				3	4	
8		2		7			5	4
			9		8			
9	6	5		2	1			
4							2	
		1		8	7		6	3
2	7			6	4		9	1

115

	9	8						4
4		7			9			
5				1		9		
2	4			9	8		1	3
		9			3			
1		3	2	4		6		9
	3		4	7				
8		2	5				9	7
7	5	4		8			2	1

116

		5	8	1		9	3	
	9		2		6		8	5
4		2			9	7		
2	5	4					7	
3						5	1	
8	1	7	4					
5			1	2		3	9	7
	3			4	7	2		
			9	5	3			

7	3	5	9	2				
1		8		4	5			
4	9						5	
3			5	6	4			
			1				8	4
5	1			7	2			
8		3				1		7
2				8			9	
9	4			5	7	6	2	

	5	9	1		7		4	
	8	6			5		9	7
4	7		8				2	
		2	5	1				
5		4	7	9		2	6	
	9		6		4			
					1	6	8	3
3		5	9		6	7		
6						4		

117 **118**

119 **120**

	4							1
	1	9	3	6	4			7
5			1	7	9			
		7			3	1	4	2
9				4	7	6	8	5
	2	8						3
			7	2				
2		5			8	3	1	6
1			6				7	8

			5					
		1	9	3			8	2
	4				8	1		
2	1					8	3	6
8					9			
	3					9	1	7
		5			6	3	7	8
1	6	7	8	4			9	
		2	7		5		4	1

121

5		3	6			9		8
								6
			2	3	9	1	5	
9					3			5
4	2	7			8		1	3
		5		2				4
3		9	7				8	1
2	8	4	3	5			6	9
				8		4	3	

122

4	8	5			7	2	9	
			5	9	1		7	8
	9		8	4			6	
					5			
8		7	2	1	4			
5		2		7		8		6
3				2	9			
					8	9		7
9	7			5	6			

123

4		1		7	5	2	8	9
7	2	9	1			6		
	4	3	5		7	8	6	
		8		6			5	2
		5			8	3		
		4	9				1	7
			8	5		4		
			7	4	6	9	3	8

124

	6			2		4		
5	2	3		8	4		9	
			9				2	3
	9	2	4		8	1	3	
	4			3				
					7	8		2
2		6						
1	7	9		4	3			6
4	3		1	6		7		

125

6	3		7		4	2		1
	4	1		3	2		5	
				8			3	4
	9		4	2	8			5
	7	2		1	9	3		
	1	8				4		
9			2	4		5		
		4					2	
	5			7		9	4	

126

			5	9				2
2	5	6						
8	3	9	1			5		7
3	1	4			9	2	7	
				2				4
7	8	2	4		6		9	
	2	1	9					3
6		3		1		8	5	
5	9	8						1

127

	6			8	1	9	3	5
5			3	7	4			2
	3	2						
			7	2				
2	5	6				3		7
1							6	8
3	4		1		5	7	2	
6	2	1	4		7			
					2		1	3

128

3	4	6	5					2
9	1	5				6	8	
		2		1			5	9
		9	8	6	1		7	
		7				9	4	
				4		2		8
				3	4			6
	9							5
6		4	1	9	5	8	2	7

129

								6
	6	2	3		4			5
	1	9	8	6		3	2	7
6			4	2		7	5	1
2							3	
			5	9	7	6	8	2
9		6			1	5		4
7	5	3						
								3

130

			8				5	
		8	3	2				
	7					1		
6	1		9			3		
4	8	3		7		6	2	
			4			8		1
8	3	1	6	5		7	9	2
		4		3			1	
	2	9	7	1	8	4		6

131

4		2		6		5		8
3	9			7				2
		6		1			9	4
	8		6	3	7	2	5	9
7				9	8			
9	2		1	4	5	7		6
			7				2	
2			4		3		6	
8								

132

	9		5	6				2
6	2		9	3				
		7				6	9	
7			3					
9		5	6			4		
4		6	8			2	3	
			4			1	5	9
8	5		1	2		7	4	6
	6	4	7		9	3		

133

4			1			6	2	
	5	8			7	1	4	
	9	1		3	6		8	7
		4	6			2		
		7			4		3	
1				7				
3		5	7	2			6	
	4		3	6				2
			5			3	1	8

134

		7	6					5
3					7			
4			9	5	2		3	
2	9		8	4			1	
	3	4	1	7	9	5	2	
	8		2		5	3	9	
9		3		8	4			
	4		7	9	6			
		6	3				8	9

135

2		9		3	4	1		
			5		2			
5	4	6		9		3		
		5	8	4				3
	2	8			1			
			2	5		6	8	
9		7		1				5
	5			2	7		6	9
4		2	9		5			

136

			7		3			2
	2	5	6	4	8	7	3	
	7	3	9	2		4		6
	3					9		
2		9			4	8		
				7		3	2	5
	5		4					
3			5		1	2	7	
	4		8	9		1	5	

137

8					7		5	1
2	9		4		5			7
			8		9			6
1	2		3		4			8
	4			5	6			9
		9		8		5		
9	8		1	7	2		6	
5	6		9				1	
	1		5	6		8		

138

	9			4				
	7	8				9	4	
3		4	7		2			
5				1	6	7	3	9
1		9		3		6	2	8
7	6						5	1
	3		2					
9		1			4	2		
	2	7		8			9	

139

1	6			9			4	
2		4	1	8	7			3
8				6		1		9
7	5		4					6
			9				1	7
			7		6		5	
		1	5					2
			6	1	3		8	5
	3	6			2	9	7	

140

6		3	1		9	8	5	4
			5		6	9		1
9			3		4	2		6
		8				5		
5	3		7	4				
2	6							
		2	9					8
		6	4	1		7		
1	8	5	2		7		6	

141

				6		1	4	2
			2		8			3
		7			4		9	
	8		1				2	
3		2	5	8			1	7
	4		9	2	7	3	8	
	7				1			4
		4			2	6		
1	6		4	9			7	

142

9		6					4	
	5	1		3				8
			7	6	1			5
	4			1	3	9		
5	2	9		7	4			3
		7			2	6		4
8	3			2		4		
7						5		
	9		3				2	6

143

	6		2	9		5	3	8
		5	8	4				
	8	3		5			9	
5		2	3			7		1
1			5		9		4	3
3				6	1		5	2
	1				2	4		
2							1	
8	3	9						7

144

5			7				1	9
2	9	6	5					
4	1	7			9	5	3	6
7			9				4	
		3				7	9	5
9			3		7			8
6	5	9				1		2
					8			
		2	1		5	4	6	

145

	5	1	7	9		2	4	
9				4	1	8	5	
4	6			2	8	1		
					9	3	7	8
5	7	8	4				2	1
	1	9				4		
								4
2	3	5		8			1	9
			9	1				

146

		5					1	3
	3		2					8
8			3	5	9	2		
		2				1	3	
5		1	4	6		8		9
3		9		7		4	6	
1	6	3	7			9		
	5	8				7		
		4		2			8	1

147

	9	6		3	1		5	
		7		4	8	9		
		8	7			2	1	4
5	6	9			7		8	
					2	5		
	2	4	9					
1	4						2	5
9			6	2	4	1		8
			1	5				

148

9	1		5		7	3		
	5			6		9	7	
			2			5		
	6	2			4		1	
3		9	1					
1	7	8	6	3				
6				5		2	9	
8			4	2		1		
4	2			1	6	8		

	2	3						4
			3	5	6	2		7
5	6	7		9				1
6	1	5			3	4	7	
2						8		3
3			5			1		
7			2		5		3	
8	3		7				1	5
			6				4	

	6	7	2		3		9	
	9		1			8	3	7
3	1	4		9	8		6	5
	2		6		9	7	4	3
7					4			9
	7	3					1	6
6	8			3	7			
4	5				1		7	

149 **150**

151 **152**

			8		4			3
8			3		2		6	4
	7	3	9	5	6	1		
7		8	6	2				5
9					8		3	
	4		7	9	3			
			1					2
		7	4	8	5	6		9
5		1						

9		7	2					3
	6			5		8		2
2		8		9		5		
8	9				4	2		
			8	2	9	4		
	2			3			8	
	8	2	4					9
		1	9	7	2		5	8
3	7		5		6		2	

153

8				2			9	1
1	4						2	
3		7	5		9			
		8	1					7
5	7		3	8	2	1	4	
2			7				6	
			2	3		9	5	
				6	7			
	3	1	9		5		7	2

154

	8			9	7			5
				6				2
4			5				8	1
	6	5	8	7		2	9	4
		7						
			3	2		5	6	
6	2					4	5	
7			6	1	5	3		
		3		4	9		7	6

155

						5		2
					9		1	
	5	3	8					7
		9	1	4	7		2	8
		4	3	2	5		9	1
	2	7	9					3
		2	5		4	8		9
	9		2	3				4
4					1		3	

156

	3	5				4		2
	2	1			9			
					7	6		
9		3			2	1		4
5		2	9			8	6	
4	1			7			2	
3	6		2					5
2	5	4	7					
1	9		4	6	5		3	8

8	2		4			1		3
		9		8	5		6	
			3		2		8	9
	8		2	4	9			
		2			3	8		
	9		8					5
6		3						8
9	4	8		3	7	2	1	6
2	5				8	3		7

	7				5		3	
3							2	9
	5		3			7		
		7	2			3		5
	4	2	5				1	7
				6	1		8	
4						8	7	2
		9			8		5	6
1	2		6	5	7	9	4	

157 **158**

159 **160**

3			8	7	9	4	2	
8			2			1	9	7
2		7	6	4				8
		5		6			8	4
4		3				9		
7			5				6	
			7		6			
		9			8		5	
1		8		5	3	6		2

4		2		7		3		9
1	7				6	8	4	
	3		5		2	6		7
	1	4	8	6	7			3
				1		4	9	
	5		4				6	
	9		6					4
	4			8		9		6
		1		9	4	2		

Results

8	5	7	3	2	1	4	6	9
9	6	2	5	7	4	1	8	3
4	3	1	6	9	8	7	2	5
1	4	6	2	3	7	9	5	8
5	2	8	4	6	9	3	1	7
3	7	9	8	1	5	2	4	6
7	9	5	1	8	2	6	3	4
6	1	4	7	5	3	8	9	2
2	8	3	9	4	6	5	7	1

8	5	1	6	2	3	7	4	9
6	2	4	7	8	9	3	1	5
7	3	9	4	5	1	2	6	8
1	9	8	2	6	7	4	5	3
2	4	7	3	1	5	9	8	6
5	6	3	9	4	8	1	7	2
4	1	2	5	3	6	8	9	7
3	7	5	8	9	4	6	2	1
9	8	6	1	7	2	5	3	4

8	4	7	1	5	2	3	6	9
9	6	2	3	7	8	5	4	1
5	1	3	9	6	4	8	7	2
4	7	8	5	3	1	9	2	6
2	3	6	8	4	9	7	1	5
1	9	5	6	2	7	4	8	3
6	8	1	7	9	3	2	5	4
3	5	4	2	8	6	1	9	7
7	2	9	4	1	5	6	3	8

1	8	6	3	2	9	7	5	4
4	7	2	5	1	8	9	3	6
5	3	9	6	7	4	8	1	2
7	5	4	8	3	2	6	9	1
9	2	8	1	5	6	3	4	7
6	1	3	9	4	7	2	8	5
2	9	5	7	8	1	4	6	3
3	6	7	4	9	5	1	2	8
8	4	1	2	6	3	5	7	9

8	4	6	3	2	7	1	9	5
5	1	7	6	8	9	2	4	3
9	3	2	5	4	1	6	8	7
4	7	5	9	1	2	8	3	6
1	2	3	7	6	8	9	5	4
6	8	9	4	3	5	7	1	2
7	6	1	8	5	3	4	2	9
3	9	8	2	7	4	5	6	1
2	5	4	1	9	6	3	7	8

8	5	9	1	3	7	2	6	4
7	2	3	4	5	6	1	8	9
1	4	6	9	2	8	3	5	7
6	3	5	8	7	9	4	2	1
9	1	8	3	4	2	5	7	6
2	7	4	5	6	1	8	9	3
5	9	1	6	8	3	7	4	2
4	6	7	2	1	5	9	3	8
3	8	2	7	9	4	6	1	5

6	1	8	5	9	7	3	2	4
4	3	2	8	1	6	9	7	5
9	7	5	4	3	2	8	6	1
1	8	6	2	4	5	7	3	9
2	4	9	3	7	8	5	1	6
3	5	7	9	6	1	4	8	2
5	2	3	6	8	4	1	9	7
8	6	1	7	5	9	2	4	3
7	9	4	1	2	3	6	5	8

5	6	9	8	7	2	4	3	1
4	1	7	5	9	3	8	2	6
8	2	3	6	4	1	5	7	9
3	5	2	7	1	6	9	8	4
1	9	6	3	8	4	2	5	7
7	4	8	2	5	9	1	6	3
2	7	1	4	6	8	3	9	5
9	3	5	1	2	7	6	4	8
6	8	4	9	3	5	7	1	2

1	2	3	7	5	8	6	9	4
5	9	8	4	3	6	2	7	1
6	4	7	1	9	2	3	5	8
8	7	1	2	4	3	5	6	9
4	3	5	6	7	9	8	1	2
2	6	9	5	8	1	4	3	7
7	5	2	3	1	4	9	8	6
3	8	6	9	2	7	1	4	5
9	1	4	8	6	5	7	2	3

8	4	6	5	3	7	9	2	1
1	3	7	2	4	9	6	5	8
5	2	9	8	1	6	7	3	4
9	6	1	3	5	8	2	4	7
3	7	4	6	2	1	5	8	9
2	8	5	7	9	4	3	1	6
4	1	2	9	6	3	8	7	5
6	5	8	4	7	2	1	9	3
7	9	3	1	8	5	4	6	2

9 **10**

11 **12**

5	2	3	9	7	1	8	6	4
6	4	1	8	3	2	9	7	5
8	9	7	4	5	6	1	3	2
2	1	8	7	6	4	3	5	9
7	3	4	1	9	5	6	2	8
9	6	5	3	2	8	4	1	7
4	5	6	2	1	9	7	8	3
1	7	9	5	8	3	2	4	6
3	8	2	6	4	7	5	9	1

2	4	9	3	6	5	8	1	7
5	7	6	8	1	9	2	3	4
3	1	8	7	4	2	6	9	5
7	6	2	9	5	4	3	8	1
1	8	3	2	7	6	4	5	9
4	9	5	1	8	3	7	6	2
8	2	1	5	3	7	9	4	6
6	3	7	4	9	1	5	2	8
9	5	4	6	2	8	1	7	3

8	4	7	6	3	9	2	5	1
5	6	9	1	2	4	8	3	7
2	3	1	8	5	7	4	9	6
9	2	6	5	8	1	3	7	4
4	1	3	7	6	2	5	8	9
7	5	8	4	9	3	6	1	2
3	9	4	2	1	5	7	6	8
1	8	2	3	7	6	9	4	5
6	7	5	9	4	8	1	2	3

2	6	1	8	5	4	7	9	3
9	4	3	6	7	2	8	5	1
7	5	8	3	1	9	4	2	6
8	3	5	7	9	1	2	6	4
6	1	7	2	4	8	9	3	5
4	2	9	5	3	6	1	8	7
5	9	4	1	8	3	6	7	2
1	7	6	9	2	5	3	4	8
3	8	2	4	6	7	5	1	9

13 **14**

15 **16**

5	4	1	3	2	7	6	8	9
2	6	3	5	8	9	7	4	1
7	8	9	1	4	6	5	2	3
9	5	8	2	1	3	4	7	6
6	3	2	7	9	4	1	5	8
4	1	7	6	5	8	3	9	2
8	9	5	4	3	1	2	6	7
1	7	4	9	6	2	8	3	5
3	2	6	8	7	5	9	1	4

1	4	3	7	5	6	8	2	9
6	8	7	2	4	9	5	3	1
5	9	2	8	1	3	7	4	6
3	1	8	9	7	5	4	6	2
7	5	9	4	6	2	1	8	3
2	6	4	3	8	1	9	5	7
9	7	5	6	2	8	3	1	4
8	3	6	1	9	4	2	7	5
4	2	1	5	3	7	6	9	8

17

4	7	2	3	9	6	1	8	5
6	8	9	2	1	5	7	3	4
1	3	5	8	4	7	9	6	2
9	2	1	7	6	8	5	4	3
3	5	4	1	2	9	8	7	6
8	6	7	5	3	4	2	9	1
2	1	6	9	7	3	4	5	8
5	9	3	4	8	1	6	2	7
7	4	8	6	5	2	3	1	9

18

6	2	9	3	7	4	1	8	5
4	8	5	2	9	1	6	3	7
7	1	3	5	8	6	9	4	2
9	5	1	8	3	2	7	6	4
8	6	7	9	4	5	3	2	1
3	4	2	1	6	7	5	9	8
2	9	4	7	1	3	8	5	6
1	3	6	4	5	8	2	7	9
5	7	8	6	2	9	4	1	3

19

8	9	4	6	3	7	5	2	1
6	2	5	1	4	9	7	3	8
1	3	7	2	5	8	9	6	4
5	1	3	9	2	6	4	8	7
9	7	2	3	8	4	1	5	6
4	8	6	7	1	5	2	9	3
3	5	1	4	6	2	8	7	9
7	6	8	5	9	1	3	4	2
2	4	9	8	7	3	6	1	5

20

3	2	7	4	9	5	1	6	8
6	1	5	2	8	3	7	9	4
8	9	4	6	7	1	2	5	3
1	6	2	8	5	4	3	7	9
4	7	8	3	1	9	6	2	5
5	3	9	7	6	2	4	8	1
9	4	3	5	2	6	8	1	7
2	8	1	9	4	7	5	3	6
7	5	6	1	3	8	9	4	2

8	5	1	7	2	4	3	9	6
2	3	6	8	9	5	4	7	1
4	7	9	3	1	6	8	5	2
6	4	5	1	7	8	9	2	3
1	9	8	2	5	3	6	4	7
3	2	7	6	4	9	1	8	5
9	1	4	5	3	2	7	6	8
7	6	2	9	8	1	5	3	4
5	8	3	4	6	7	2	1	9

1	8	3	9	4	2	7	6	5
7	5	9	6	3	1	2	8	4
2	4	6	5	8	7	9	3	1
6	2	4	8	1	9	5	7	3
8	9	5	2	7	3	1	4	6
3	7	1	4	5	6	8	9	2
4	6	7	1	2	8	3	5	9
9	3	2	7	6	5	4	1	8
5	1	8	3	9	4	6	2	7

21 **22**

23 **24**

3	4	9	8	6	1	2	5	7
2	7	5	3	4	9	8	6	1
1	8	6	2	7	5	3	4	9
7	2	8	4	9	6	1	3	5
5	9	1	7	3	2	6	8	4
6	3	4	1	5	8	7	9	2
8	5	7	6	2	4	9	1	3
9	1	3	5	8	7	4	2	6
4	6	2	9	1	3	5	7	8

1	4	7	6	9	8	2	3	5
2	6	5	3	7	4	1	8	9
9	3	8	5	1	2	4	6	7
7	5	1	2	8	3	6	9	4
4	9	3	7	5	6	8	1	2
8	2	6	9	4	1	7	5	3
6	7	4	8	3	5	9	2	1
3	1	2	4	6	9	5	7	8
5	8	9	1	2	7	3	4	6

25

7	9	2	3	8	6	5	1	4
5	6	4	1	9	7	8	2	3
3	8	1	5	4	2	7	9	6
9	7	3	4	2	1	6	8	5
8	4	5	6	3	9	2	7	1
1	2	6	7	5	8	3	4	9
6	3	8	9	7	4	1	5	2
4	1	7	2	6	5	9	3	8
2	5	9	8	1	3	4	6	7

26

9	7	6	1	4	8	5	3	2
8	5	3	2	6	7	9	1	4
2	4	1	3	5	9	7	6	8
3	8	2	6	1	5	4	9	7
4	1	9	7	8	2	6	5	3
7	6	5	9	3	4	8	2	1
1	3	4	5	7	6	2	8	9
5	9	7	8	2	3	1	4	6
6	2	8	4	9	1	3	7	5

27

5	3	7	2	8	1	6	9	4
9	2	8	5	4	6	3	7	1
1	6	4	3	7	9	8	5	2
6	7	1	9	2	4	5	8	3
8	4	3	6	1	5	7	2	9
2	9	5	7	3	8	1	4	6
3	1	9	8	5	2	4	6	7
4	8	6	1	9	7	2	3	5
7	5	2	4	6	3	9	1	8

28

5	2	6	3	1	9	7	4	8
1	8	9	4	2	7	6	3	5
7	3	4	8	6	5	1	9	2
4	7	1	6	3	2	5	8	9
3	9	8	1	5	4	2	7	6
6	5	2	7	9	8	4	1	3
8	6	3	5	4	1	9	2	7
9	1	5	2	7	3	8	6	4
2	4	7	9	8	6	3	5	1

29

5	3	2	6	7	8	1	4	9
1	9	7	3	4	5	8	2	6
6	8	4	1	2	9	7	3	5
7	5	1	9	8	2	4	6	3
4	2	3	7	1	6	5	9	8
9	6	8	5	3	4	2	1	7
8	7	9	4	6	1	3	5	2
2	1	6	8	5	3	9	7	4
3	4	5	2	9	7	6	8	1

30

4	9	3	5	2	7	8	1	6
5	7	1	4	6	8	9	3	2
6	8	2	9	3	1	4	5	7
3	5	6	2	9	4	7	8	1
8	2	9	7	1	6	3	4	5
7	1	4	8	5	3	2	6	9
2	4	8	1	7	5	6	9	3
9	6	5	3	4	2	1	7	8
1	3	7	6	8	9	5	2	4

31

7	5	3	6	8	1	2	4	9
1	8	9	4	7	2	5	6	3
4	2	6	5	3	9	1	7	8
2	1	8	3	9	7	4	5	6
6	3	4	8	2	5	7	9	1
9	7	5	1	4	6	8	3	2
5	4	1	9	6	8	3	2	7
8	9	7	2	5	3	6	1	4
3	6	2	7	1	4	9	8	5

32

6	3	7	1	8	9	2	4	5
8	5	9	3	4	2	7	1	6
2	1	4	7	5	6	3	8	9
7	4	6	5	2	3	8	9	1
5	8	2	9	1	4	6	7	3
1	9	3	6	7	8	4	5	2
3	7	8	2	9	5	1	6	4
4	6	5	8	3	1	9	2	7
9	2	1	4	6	7	5	3	8

1	2	3	5	7	8	9	6	4
6	4	8	1	3	9	7	5	2
5	9	7	4	2	6	1	3	8
2	1	4	3	6	5	8	9	7
9	7	6	8	1	4	3	2	5
3	8	5	2	9	7	4	1	6
7	3	1	6	4	2	5	8	9
4	5	2	9	8	3	6	7	1
8	6	9	7	5	1	2	4	3

4	8	5	3	9	1	2	7	6
2	7	3	4	6	5	8	9	1
6	9	1	7	2	8	4	5	3
9	1	4	8	3	6	7	2	5
8	5	6	2	7	4	3	1	9
3	2	7	1	5	9	6	4	8
1	6	8	5	4	2	9	3	7
7	4	9	6	1	3	5	8	2
5	3	2	9	8	7	1	6	4

33 **34**

35 **36**

3	6	9	1	4	7	5	2	8
2	4	5	8	6	9	7	3	1
1	8	7	2	5	3	6	9	4
7	9	1	4	8	5	2	6	3
5	3	8	9	2	6	1	4	7
4	2	6	7	3	1	9	8	5
9	5	2	3	7	8	4	1	6
6	1	3	5	9	4	8	7	2
8	7	4	6	1	2	3	5	9

3	5	8	9	7	4	6	1	2
9	4	2	8	1	6	7	5	3
6	7	1	2	3	5	8	4	9
2	1	9	7	4	3	5	8	6
5	6	7	1	8	2	3	9	4
4	8	3	6	5	9	1	2	7
7	2	5	4	6	1	9	3	8
1	9	6	3	2	8	4	7	5
8	3	4	5	9	7	2	6	1

37

8	7	2	4	6	5	1	9	3
4	9	1	3	7	2	8	6	5
3	5	6	9	8	1	4	7	2
1	8	9	6	2	3	5	4	7
6	4	5	8	9	7	2	3	1
2	3	7	1	5	4	9	8	6
7	1	3	5	4	8	6	2	9
5	6	8	2	3	9	7	1	4
9	2	4	7	1	6	3	5	8

38

1	4	8	5	2	6	3	7	9
7	3	2	1	8	9	4	6	5
9	6	5	4	3	7	2	1	8
4	7	3	8	9	2	6	5	1
5	8	9	6	1	4	7	3	2
2	1	6	7	5	3	8	9	4
6	9	7	2	4	5	1	8	3
8	5	4	3	6	1	9	2	7
3	2	1	9	7	8	5	4	6

39

9	4	6	1	2	3	8	7	5
1	8	2	7	5	9	3	6	4
7	5	3	8	6	4	2	1	9
5	2	9	6	4	8	1	3	7
3	1	4	2	7	5	6	9	8
8	6	7	3	9	1	5	4	2
4	7	1	5	3	2	9	8	6
6	3	5	9	8	7	4	2	1
2	9	8	4	1	6	7	5	3

40

3	5	4	7	8	1	2	6	9
2	1	6	4	5	9	8	7	3
9	7	8	3	2	6	1	4	5
8	2	9	1	7	3	6	5	4
5	3	7	8	6	4	9	1	2
4	6	1	5	9	2	7	3	8
7	4	2	9	1	5	3	8	6
1	9	5	6	3	8	4	2	7
6	8	3	2	4	7	5	9	1

2	4	9	1	5	7	3	8	6
1	8	5	4	3	6	9	2	7
3	7	6	2	8	9	4	1	5
7	1	3	5	9	4	2	6	8
9	5	2	6	1	8	7	3	4
8	6	4	7	2	3	5	9	1
5	9	1	8	7	2	6	4	3
6	2	7	3	4	1	8	5	9
4	3	8	9	6	5	1	7	2

1	9	6	3	5	8	2	4	7
8	5	4	2	7	9	3	6	1
7	2	3	1	6	4	9	8	5
5	3	8	4	2	7	6	1	9
2	6	7	9	3	1	4	5	8
4	1	9	5	8	6	7	2	3
6	8	2	7	9	5	1	3	4
9	4	5	6	1	3	8	7	2
3	7	1	8	4	2	5	9	6

3	9	4	6	8	1	2	7	5
2	8	1	7	4	5	3	6	9
6	7	5	2	3	9	1	8	4
1	5	9	8	7	6	4	3	2
4	6	7	3	1	2	9	5	8
8	3	2	9	5	4	6	1	7
9	1	6	5	2	8	7	4	3
5	4	3	1	9	7	8	2	6
7	2	8	4	6	3	5	9	1

5	9	4	7	2	6	1	3	8
3	2	6	5	8	1	9	4	7
8	1	7	4	9	3	2	5	6
7	8	5	3	6	9	4	2	1
1	6	9	2	4	5	8	7	3
4	3	2	8	1	7	5	6	9
6	7	1	9	5	2	3	8	4
2	4	3	1	7	8	6	9	5
9	5	8	6	3	4	7	1	2

45

3	9	4	6	8	1	2	7	5
2	8	1	7	4	5	3	6	9
6	7	5	2	3	9	1	8	4
1	5	9	8	7	6	4	3	2
4	6	7	3	1	2	9	5	8
8	3	2	9	5	4	6	1	7
9	1	6	5	2	8	7	4	3
5	4	3	1	9	7	8	2	6
7	2	8	4	6	3	5	9	1

46

5	9	4	7	2	6	1	3	8
3	2	6	5	8	1	9	4	7
8	1	7	4	9	3	2	5	6
7	8	5	3	6	9	4	2	1
1	6	9	2	4	5	8	7	3
4	3	2	8	1	7	5	6	9
6	7	1	9	5	2	3	8	4
2	4	3	1	7	8	6	9	5
9	5	8	6	3	4	7	1	2

47

3	5	4	7	8	6	9	1	2
7	2	9	4	5	1	3	6	8
1	6	8	2	3	9	7	4	5
9	8	3	5	1	2	4	7	6
6	1	2	3	7	4	5	8	9
4	7	5	6	9	8	2	3	1
8	3	7	1	2	5	6	9	4
2	9	6	8	4	3	1	5	7
5	4	1	9	6	7	8	2	3

48

2	3	1	7	9	5	8	4	6
8	4	9	1	6	2	7	5	3
6	5	7	3	4	8	2	1	9
4	9	6	8	5	1	3	7	2
5	7	8	2	3	9	4	6	1
3	1	2	6	7	4	9	8	5
1	8	5	4	2	3	6	9	7
7	2	4	9	1	6	5	3	8
9	6	3	5	8	7	1	2	4

9	2	1	7	4	3	6	5	8
5	4	7	6	8	2	1	3	9
8	3	6	9	5	1	7	4	2
4	9	3	1	7	5	8	2	6
6	5	8	2	9	4	3	1	7
7	1	2	3	6	8	4	9	5
1	8	4	5	2	6	9	7	3
3	7	5	8	1	9	2	6	4
2	6	9	4	3	7	5	8	1

8	7	4	9	3	2	6	1	5
3	6	2	5	7	1	4	9	8
5	1	9	8	6	4	2	7	3
7	5	6	3	4	9	8	2	1
2	4	8	6	1	5	7	3	9
1	9	3	2	8	7	5	4	6
6	2	5	7	9	3	1	8	4
4	3	7	1	5	8	9	6	2
9	8	1	4	2	6	3	5	7

49 **50**

51 **52**

3	1	4	8	7	5	2	6	9
6	5	2	1	9	3	7	4	8
7	9	8	2	6	4	5	3	1
9	7	3	5	1	8	4	2	6
4	6	5	7	2	9	1	8	3
2	8	1	4	3	6	9	5	7
5	2	9	6	8	7	3	1	4
1	3	6	9	4	2	8	7	5
8	4	7	3	5	1	6	9	2

4	7	3	8	1	6	9	5	2
8	6	9	2	4	5	7	1	3
5	1	2	3	9	7	6	8	4
1	9	5	7	8	2	3	4	6
6	3	7	4	5	9	8	2	1
2	4	8	1	6	3	5	7	9
9	8	1	6	7	4	2	3	5
7	2	6	5	3	1	4	9	8
3	5	4	9	2	8	1	6	7

9	1	5	4	6	7	2	3	8
7	4	8	3	9	2	1	5	6
2	3	6	1	5	8	4	9	7
1	2	4	5	7	3	8	6	9
6	5	9	2	8	4	7	1	3
8	7	3	9	1	6	5	2	4
4	8	1	6	3	5	9	7	2
5	6	2	7	4	9	3	8	1
3	9	7	8	2	1	6	4	5

4	8	3	7	6	2	1	5	9
1	7	9	3	5	8	4	2	6
5	2	6	9	1	4	7	8	3
7	4	2	5	9	1	3	6	8
3	9	8	4	2	6	5	7	1
6	1	5	8	7	3	9	4	2
2	5	7	6	3	9	8	1	4
8	3	1	2	4	7	6	9	5
9	6	4	1	8	5	2	3	7

53 **54**

55 **56**

3	5	2	6	8	1	4	7	9
6	9	8	4	2	7	3	5	1
1	7	4	9	3	5	8	2	6
8	2	5	1	9	3	6	4	7
9	1	7	5	6	4	2	8	3
4	3	6	2	7	8	1	9	5
7	8	9	3	1	2	5	6	4
2	4	1	7	5	6	9	3	8
5	6	3	8	4	9	7	1	2

9	1	4	5	7	8	3	6	2
2	6	7	3	9	1	8	4	5
8	5	3	2	6	4	7	9	1
5	9	1	7	8	6	4	2	3
4	2	6	1	5	3	9	8	7
7	3	8	9	4	2	5	1	6
1	4	2	8	3	7	6	5	9
3	8	5	6	1	9	2	7	4
6	7	9	4	2	5	1	3	8

57

4	3	5	9	8	1	6	7	2
9	2	8	5	7	6	1	3	4
1	7	6	2	3	4	5	9	8
7	9	1	4	2	8	3	5	6
2	8	3	6	5	7	9	4	1
5	6	4	1	9	3	2	8	7
6	5	7	8	1	9	4	2	3
3	1	9	7	4	2	8	6	5
8	4	2	3	6	5	7	1	9

58

4	5	7	6	2	8	3	1	9
2	1	6	9	3	5	7	8	4
8	9	3	1	4	7	2	5	6
7	3	5	2	8	9	4	6	1
6	4	8	5	1	3	9	2	7
1	2	9	7	6	4	8	3	5
5	8	2	4	7	1	6	9	3
3	7	1	8	9	6	5	4	2
9	6	4	3	5	2	1	7	8

59

8	1	7	2	3	6	9	4	5
6	5	3	4	7	9	8	1	2
2	4	9	5	8	1	7	3	6
3	7	8	1	6	2	5	9	4
4	2	1	9	5	8	6	7	3
5	9	6	3	4	7	1	2	8
9	8	5	7	2	4	3	6	1
1	6	4	8	9	3	2	5	7
7	3	2	6	1	5	4	8	9

60

1	2	9	6	8	7	5	3	4
8	5	4	1	2	3	6	9	7
7	6	3	9	5	4	2	1	8
9	7	6	3	4	2	1	8	5
4	1	8	5	7	9	3	2	6
2	3	5	8	6	1	7	4	9
5	8	2	4	3	6	9	7	1
3	4	1	7	9	5	8	6	2
6	9	7	2	1	8	4	5	3

6	3	7	4	8	9	2	5	1
5	4	8	6	1	2	7	3	9
1	9	2	7	5	3	6	8	4
7	5	6	8	3	4	1	9	2
3	2	4	1	9	7	5	6	8
8	1	9	5	2	6	3	4	7
2	6	3	9	7	8	4	1	5
4	8	5	2	6	1	9	7	3
9	7	1	3	4	5	8	2	6

4	1	7	9	6	8	2	5	3
9	2	3	4	5	7	6	8	1
6	8	5	3	2	1	7	4	9
1	6	9	2	8	3	4	7	5
3	7	2	5	1	4	8	9	6
8	5	4	7	9	6	1	3	2
7	3	1	6	4	5	9	2	8
2	4	6	8	3	9	5	1	7
5	9	8	1	7	2	3	6	4

61 **62**

63 **64**

6	5	1	2	3	4	9	7	8
3	8	2	5	9	7	1	4	6
9	4	7	1	6	8	2	3	5
4	1	6	9	8	2	7	5	3
7	9	3	4	5	1	6	8	2
5	2	8	3	7	6	4	1	9
2	3	4	8	1	9	5	6	7
8	7	9	6	4	5	3	2	1
1	6	5	7	2	3	8	9	4

3	6	8	1	2	7	4	9	5
1	5	9	8	4	6	7	2	3
4	7	2	9	3	5	1	6	8
6	2	1	3	7	8	9	5	4
9	8	3	6	5	4	2	1	7
5	4	7	2	9	1	8	3	6
8	1	4	5	6	2	3	7	9
7	9	6	4	1	3	5	8	2
2	3	5	7	8	9	6	4	1

1	3	8	9	7	2	6	5	4
7	9	6	1	5	4	3	8	2
5	4	2	3	6	8	1	7	9
3	5	7	2	1	9	8	4	6
8	2	4	5	3	6	9	1	7
9	6	1	8	4	7	5	2	3
4	7	3	6	8	1	2	9	5
6	8	9	7	2	5	4	3	1
2	1	5	4	9	3	7	6	8

4	1	7	6	9	8	3	2	5
3	5	8	7	2	1	9	6	4
6	9	2	3	5	4	8	7	1
2	8	9	1	4	3	6	5	7
1	7	6	5	8	9	2	4	3
5	3	4	2	6	7	1	8	9
8	4	5	9	1	6	7	3	2
9	6	3	4	7	2	5	1	8
7	2	1	8	3	5	4	9	6

65 **66**

67 **68**

3	9	4	6	2	8	1	7	5
8	7	1	3	9	5	2	6	4
5	6	2	7	1	4	8	9	3
1	5	6	9	4	3	7	2	8
4	3	9	2	8	7	5	1	6
2	8	7	1	5	6	3	4	9
7	2	3	8	6	9	4	5	1
9	1	5	4	3	2	6	8	7
6	4	8	5	7	1	9	3	2

2	5	3	4	7	1	9	8	6
8	7	6	9	2	5	1	4	3
1	4	9	6	8	3	5	7	2
9	6	4	7	1	2	8	3	5
5	1	8	3	9	4	2	6	7
3	2	7	8	5	6	4	9	1
4	9	2	1	3	7	6	5	8
7	8	1	5	6	9	3	2	4
6	3	5	2	4	8	7	1	9

7	8	1	2	4	9	3	6	5
2	6	3	5	1	7	4	8	9
9	4	5	8	6	3	7	2	1
4	5	6	1	3	2	9	7	8
3	9	7	4	8	5	6	1	2
1	2	8	7	9	6	5	3	4
5	1	9	6	7	8	2	4	3
6	3	4	9	2	1	8	5	7
8	7	2	3	5	4	1	9	6

3	7	5	1	8	4	2	6	9
4	9	1	6	5	2	3	8	7
6	2	8	9	7	3	4	1	5
7	5	4	8	2	1	6	9	3
2	8	6	5	3	9	7	4	1
1	3	9	7	4	6	8	5	2
8	4	2	3	9	5	1	7	6
5	1	3	4	6	7	9	2	8
9	6	7	2	1	8	5	3	4

69

70

71

72

1	9	8	7	3	4	6	2	5
6	4	2	5	1	9	7	8	3
7	5	3	2	8	6	9	4	1
9	2	1	8	5	7	3	6	4
3	6	5	1	4	2	8	7	9
8	7	4	9	6	3	5	1	2
5	3	7	6	2	1	4	9	8
4	1	9	3	7	8	2	5	6
2	8	6	4	9	5	1	3	7

2	4	5	1	3	9	6	7	8
7	9	8	4	2	6	3	1	5
1	6	3	8	7	5	9	2	4
4	1	2	7	5	3	8	9	6
5	3	9	6	1	8	2	4	7
6	8	7	9	4	2	5	3	1
3	2	1	5	8	4	7	6	9
9	5	4	3	6	7	1	8	2
8	7	6	2	9	1	4	5	3

73

6	5	9	7	3	4	8	2	1
8	3	4	9	2	1	6	5	7
2	1	7	8	6	5	4	3	9
4	7	6	2	1	8	5	9	3
1	8	5	3	9	6	7	4	2
3	9	2	5	4	7	1	8	6
9	6	1	4	5	3	2	7	8
7	4	3	6	8	2	9	1	5
5	2	8	1	7	9	3	6	4

74

4	6	2	9	7	5	3	1	8
3	9	1	8	6	2	4	5	7
7	5	8	1	3	4	6	9	2
8	3	7	4	1	9	2	6	5
6	1	4	2	5	7	9	8	3
9	2	5	6	8	3	1	7	4
2	8	6	7	4	1	5	3	9
5	7	9	3	2	6	8	4	1
1	4	3	5	9	8	7	2	6

75

6	2	4	1	8	9	3	7	5
3	5	1	2	7	4	6	8	9
7	8	9	6	3	5	2	4	1
5	4	2	8	1	3	9	6	7
8	3	7	9	5	6	1	2	4
1	9	6	7	4	2	5	3	8
4	1	5	3	2	7	8	9	6
2	6	8	4	9	1	7	5	3
9	7	3	5	6	8	4	1	2

76

6	8	7	2	4	5	9	3	1
9	1	3	8	7	6	4	5	2
2	4	5	9	3	1	8	7	6
5	9	1	4	6	7	3	2	8
3	7	2	5	8	9	6	1	4
8	6	4	3	1	2	5	9	7
1	3	6	7	5	4	2	8	9
7	2	8	6	9	3	1	4	5
4	5	9	1	2	8	7	6	3

4	5	6	1	3	7	8	2	9
3	8	9	6	4	2	5	1	7
7	2	1	8	5	9	6	4	3
5	3	2	4	7	1	9	8	6
9	4	7	5	6	8	1	3	2
1	6	8	2	9	3	7	5	4
8	9	5	7	2	4	3	6	1
6	7	4	3	1	5	2	9	8
2	1	3	9	8	6	4	7	5

9	8	6	5	7	1	4	3	2
2	1	3	4	6	8	9	7	5
7	4	5	2	3	9	6	1	8
5	3	9	1	8	6	7	2	4
6	7	4	3	5	2	1	8	9
1	2	8	9	4	7	3	5	6
4	5	2	6	1	3	8	9	7
8	6	1	7	9	5	2	4	3
3	9	7	8	2	4	5	6	1

77 **78**

79 **80**

1	7	3	2	8	4	9	6	5
4	2	5	9	6	7	1	8	3
8	6	9	5	3	1	7	2	4
5	3	8	1	9	6	2	4	7
7	1	6	4	2	5	3	9	8
2	9	4	3	7	8	5	1	6
3	4	2	8	5	9	6	7	1
6	5	1	7	4	2	8	3	9
9	8	7	6	1	3	4	5	2

1	7	6	8	3	4	9	2	5
9	2	8	5	6	7	4	3	1
5	3	4	1	9	2	8	6	7
6	5	2	7	4	9	3	1	8
7	9	1	2	8	3	6	5	4
8	4	3	6	1	5	2	7	9
4	6	7	3	5	8	1	9	2
3	8	5	9	2	1	7	4	6
2	1	9	4	7	6	5	8	3

5	8	3	1	6	9	7	2	4
1	4	9	7	5	2	8	6	3
7	2	6	3	4	8	9	5	1
9	7	8	4	2	1	5	3	6
2	6	1	5	9	3	4	7	8
3	5	4	8	7	6	2	1	9
4	3	7	6	8	5	1	9	2
8	1	2	9	3	7	6	4	5
6	9	5	2	1	4	3	8	7

2	4	7	5	3	6	8	9	1
8	1	9	4	7	2	6	3	5
6	3	5	1	9	8	4	2	7
1	9	3	8	6	7	5	4	2
7	5	6	2	4	1	9	8	3
4	8	2	9	5	3	1	7	6
5	2	1	3	8	4	7	6	9
9	6	8	7	2	5	3	1	4
3	7	4	6	1	9	2	5	8

81 **82**

83 **84**

3	8	7	1	9	2	4	5	6
2	6	1	5	4	7	9	3	8
4	5	9	6	8	3	2	1	7
8	9	6	3	1	4	7	2	5
1	2	4	8	7	5	3	6	9
7	3	5	2	6	9	1	8	4
9	1	2	7	5	6	8	4	3
6	4	3	9	2	8	5	7	1
5	7	8	4	3	1	6	9	2

8	7	1	4	6	3	5	2	9
9	4	6	1	5	2	7	8	3
2	3	5	7	8	9	6	1	4
5	8	7	6	9	1	4	3	2
6	2	4	8	3	5	9	7	1
1	9	3	2	7	4	8	5	6
4	6	2	5	1	8	3	9	7
7	5	9	3	2	6	1	4	8
3	1	8	9	4	7	2	6	5

4	3	5	1	9	7	2	6	8
7	8	1	5	6	2	4	3	9
9	6	2	8	4	3	5	7	1
1	5	6	3	8	9	7	4	2
3	4	7	2	5	1	9	8	6
8	2	9	6	7	4	1	5	3
6	1	8	4	2	5	3	9	7
5	7	3	9	1	6	8	2	4
2	9	4	7	3	8	6	1	5

85

7	1	5	9	2	6	3	4	8
6	3	9	4	1	8	2	5	7
8	2	4	5	3	7	6	1	9
3	5	8	7	9	1	4	2	6
4	9	6	3	5	2	7	8	1
1	7	2	8	6	4	9	3	5
2	6	7	1	4	5	8	9	3
9	4	1	6	8	3	5	7	2
5	8	3	2	7	9	1	6	4

86

87

1	5	8	2	7	6	4	9	3
6	4	3	8	9	5	1	2	7
7	2	9	4	1	3	6	5	8
8	9	6	5	3	4	2	7	1
5	1	4	7	2	9	8	3	6
3	7	2	6	8	1	5	4	9
2	3	5	9	6	8	7	1	4
9	6	7	1	4	2	3	8	5
4	8	1	3	5	7	9	6	2

88

8	6	4	2	9	5	1	3	7
3	7	1	4	6	8	5	2	9
9	5	2	7	1	3	4	8	6
5	2	9	3	7	1	6	4	8
6	3	8	9	4	2	7	5	1
4	1	7	5	8	6	3	9	2
2	9	6	1	5	4	8	7	3
7	8	5	6	3	9	2	1	4
1	4	3	8	2	7	9	6	5

89

6	3	2	4	7	9	8	5	1
7	4	5	6	8	1	9	3	2
8	1	9	5	2	3	4	6	7
2	9	8	3	6	7	1	4	5
1	6	3	2	4	5	7	9	8
5	7	4	9	1	8	3	2	6
4	8	6	1	9	2	5	7	3
9	5	7	8	3	6	2	1	4
3	2	1	7	5	4	6	8	9

90

2	9	7	5	1	4	3	8	6
1	5	8	9	3	6	2	4	7
3	6	4	7	2	8	5	9	1
8	3	1	6	9	2	4	7	5
5	7	6	1	4	3	8	2	9
9	4	2	8	5	7	1	6	3
7	2	9	3	8	1	6	5	4
4	1	5	2	6	9	7	3	8
6	8	3	4	7	5	9	1	2

91

4	5	8	6	2	3	9	7	1
1	3	2	5	7	9	6	4	8
9	6	7	4	8	1	3	2	5
2	4	6	1	3	5	8	9	7
7	8	1	2	9	6	5	3	4
3	9	5	7	4	8	2	1	6
6	7	3	8	1	2	4	5	9
5	1	9	3	6	4	7	8	2
8	2	4	9	5	7	1	6	3

92

5	4	3	6	8	9	1	7	2
6	7	2	1	5	4	3	8	9
1	8	9	7	3	2	4	5	6
2	5	4	9	7	1	8	6	3
8	9	1	3	4	6	7	2	5
3	6	7	8	2	5	9	1	4
7	2	8	4	6	3	5	9	1
4	1	5	2	9	8	6	3	7
9	3	6	5	1	7	2	4	8

93

6	8	9	4	2	7	1	5	3
1	4	2	9	5	3	6	8	7
3	7	5	8	6	1	4	2	9
4	9	7	3	1	8	5	6	2
2	6	8	5	4	9	7	3	1
5	3	1	6	7	2	9	4	8
9	2	4	7	3	5	8	1	6
7	1	6	2	8	4	3	9	5
8	5	3	1	9	6	2	7	4

94

8	9	7	3	6	2	1	5	4
4	2	5	1	9	7	3	8	6
6	3	1	5	8	4	9	2	7
9	4	8	2	1	6	5	7	3
7	1	2	4	5	3	6	9	8
3	5	6	8	7	9	2	4	1
5	8	3	9	4	1	7	6	2
1	6	4	7	2	5	8	3	9
2	7	9	6	3	8	4	1	5

95

2	5	4	9	7	8	3	1	6
3	9	8	1	6	4	5	7	2
6	7	1	2	3	5	8	9	4
5	2	6	7	4	1	9	3	8
1	4	7	8	9	3	6	2	5
8	3	9	5	2	6	7	4	1
7	1	3	6	8	2	4	5	9
4	8	5	3	1	9	2	6	7
9	6	2	4	5	7	1	8	3

96

5	9	1	8	4	2	6	3	7
3	4	8	7	6	1	5	9	2
6	7	2	3	9	5	8	4	1
2	1	4	9	5	8	3	7	6
7	6	5	1	2	3	4	8	9
9	8	3	6	7	4	1	2	5
1	3	6	2	8	7	9	5	4
4	2	9	5	3	6	7	1	8
8	5	7	4	1	9	2	6	3

3	2	4	5	8	6	7	9	1
1	9	5	7	4	2	8	3	6
8	7	6	3	9	1	5	2	4
2	1	9	8	6	4	3	7	5
6	5	3	9	2	7	1	4	8
4	8	7	1	3	5	2	6	9
9	3	2	4	1	8	6	5	7
5	4	1	6	7	3	9	8	2
7	6	8	2	5	9	4	1	3

6	1	2	3	4	7	8	9	5
5	9	3	1	8	6	7	4	2
7	4	8	2	9	5	1	6	3
3	8	7	5	6	1	9	2	4
4	2	6	9	7	3	5	1	8
1	5	9	4	2	8	3	7	6
8	7	4	6	3	9	2	5	1
2	3	5	7	1	4	6	8	9
9	6	1	8	5	2	4	3	7

97 **98**

99 **100**

9	6	7	2	3	5	1	4	8
5	4	3	6	1	8	7	2	9
1	8	2	4	9	7	5	6	3
4	3	9	5	7	2	6	8	1
6	7	1	3	8	9	4	5	2
2	5	8	1	4	6	9	3	7
8	9	6	7	2	4	3	1	5
3	2	5	9	6	1	8	7	4
7	1	4	8	5	3	2	9	6

4	8	2	9	6	5	1	7	3
6	9	7	2	3	1	4	8	5
1	5	3	8	4	7	6	9	2
3	7	9	5	8	6	2	1	4
5	2	4	7	1	3	9	6	8
8	1	6	4	9	2	3	5	7
2	3	5	6	7	9	8	4	1
9	4	1	3	5	8	7	2	6
7	6	8	1	2	4	5	3	9

6	4	9	2	3	1	8	5	7
1	7	2	6	5	8	9	4	3
8	5	3	7	9	4	6	2	1
2	6	7	1	4	3	5	8	9
5	9	4	8	7	2	3	1	6
3	8	1	5	6	9	2	7	4
7	3	6	4	2	5	1	9	8
4	2	8	9	1	6	7	3	5
9	1	5	3	8	7	4	6	2

3	6	8	5	7	1	4	9	2
1	2	4	3	9	6	7	5	8
7	9	5	4	8	2	6	3	1
9	5	3	8	6	4	1	2	7
6	8	1	7	2	5	3	4	9
4	7	2	1	3	9	8	6	5
2	4	9	6	1	8	5	7	3
5	1	7	2	4	3	9	8	6
8	3	6	9	5	7	2	1	4

101 **102**

103 **104**

7	3	9	8	5	2	6	1	4
1	5	2	3	6	4	7	8	9
8	6	4	1	7	9	5	2	3
6	9	5	7	8	1	4	3	2
4	7	8	2	3	5	1	9	6
3	2	1	4	9	6	8	5	7
5	1	7	9	4	3	2	6	8
9	8	6	5	2	7	3	4	1
2	4	3	6	1	8	9	7	5

2	6	8	1	7	4	9	5	3
4	9	1	5	3	2	6	7	8
7	3	5	9	6	8	1	4	2
6	4	3	7	8	9	2	1	5
1	8	7	2	4	5	3	9	6
5	2	9	3	1	6	7	8	4
3	5	2	8	9	7	4	6	1
9	1	4	6	5	3	8	2	7
8	7	6	4	2	1	5	3	9

105

1	3	9	5	4	6	7	8	2
8	2	5	1	7	3	4	9	6
7	6	4	2	8	9	1	5	3
5	8	7	9	6	1	3	2	4
4	9	6	3	2	7	8	1	5
3	1	2	8	5	4	6	7	9
2	5	1	4	3	8	9	6	7
9	7	3	6	1	2	5	4	8
6	4	8	7	9	5	2	3	1

106

9	1	7	4	6	3	5	2	8
8	4	2	1	7	5	6	3	9
3	6	5	8	9	2	7	4	1
6	3	1	9	4	7	8	5	2
2	5	9	6	3	8	1	7	4
7	8	4	5	2	1	9	6	3
5	9	3	2	1	6	4	8	7
4	7	8	3	5	9	2	1	6
1	2	6	7	8	4	3	9	5

107

7	6	1	9	3	5	8	4	2
5	8	9	4	6	2	3	7	1
2	3	4	8	1	7	9	5	6
4	7	3	5	9	6	1	2	8
8	9	5	3	2	1	4	6	7
6	1	2	7	8	4	5	9	3
3	4	6	2	5	8	7	1	9
1	5	8	6	7	9	2	3	4
9	2	7	1	4	3	6	8	5

108

7	3	9	2	4	5	6	8	1
4	5	2	1	8	6	9	3	7
6	8	1	9	3	7	4	2	5
1	4	8	3	7	2	5	6	9
2	7	3	5	6	9	8	1	4
5	9	6	8	1	4	3	7	2
8	6	5	7	9	1	2	4	3
3	2	7	4	5	8	1	9	6
9	1	4	6	2	3	7	5	8

4	9	8	2	7	6	5	3	1
1	3	2	4	9	5	8	7	6
7	5	6	1	8	3	2	9	4
5	2	4	7	3	9	6	1	8
3	6	1	8	2	4	7	5	9
8	7	9	5	6	1	4	2	3
2	1	7	3	4	8	9	6	5
9	4	3	6	5	7	1	8	2
6	8	5	9	1	2	3	4	7

3	2	7	8	1	4	6	9	5
4	1	9	3	5	6	8	2	7
5	8	6	7	9	2	3	4	1
1	3	2	6	4	9	5	7	8
7	6	4	5	3	8	9	1	2
9	5	8	1	2	7	4	3	6
8	9	5	4	7	1	2	6	3
6	4	1	2	8	3	7	5	9
2	7	3	9	6	5	1	8	4

109 **110**

111 **112**

1	7	2	5	6	4	9	8	3
6	3	4	9	8	7	1	5	2
9	8	5	3	1	2	7	4	6
5	2	6	1	9	8	3	7	4
7	9	3	6	4	5	2	1	8
8	4	1	2	7	3	5	6	9
2	1	8	7	3	6	4	9	5
4	5	9	8	2	1	6	3	7
3	6	7	4	5	9	8	2	1

1	3	8	6	7	2	4	9	5
5	4	9	8	1	3	7	2	6
2	6	7	9	5	4	3	8	1
8	7	1	5	2	6	9	3	4
3	9	4	7	8	1	6	5	2
6	5	2	3	4	9	8	1	7
7	2	3	4	9	5	1	6	8
9	8	5	1	6	7	2	4	3
4	1	6	2	3	8	5	7	9

9	2	5	4	1	6	7	8	3
8	3	4	7	5	9	6	2	1
7	6	1	2	8	3	9	4	5
5	8	6	3	7	4	2	1	9
1	4	7	8	9	2	5	3	6
2	9	3	1	6	5	4	7	8
4	7	9	5	3	8	1	6	2
3	5	2	6	4	1	8	9	7
6	1	8	9	2	7	3	5	4

1	3	8	6	5	9	4	2	7
7	4	9	8	1	2	3	6	5
5	2	6	4	7	3	1	9	8
4	9	5	1	3	7	6	8	2
2	8	3	5	4	6	7	1	9
6	7	1	9	2	8	5	4	3
9	1	7	3	8	4	2	5	6
8	5	2	7	6	1	9	3	4
3	6	4	2	9	5	8	7	1

8	3	9	7	1	2	4	5	6
7	2	5	6	4	8	9	1	3
6	1	4	5	9	3	8	2	7
5	4	7	8	3	1	6	9	2
3	8	2	9	6	4	1	7	5
9	6	1	2	5	7	3	4	8
4	9	8	3	2	5	7	6	1
2	7	6	1	8	9	5	3	4
1	5	3	4	7	6	2	8	9

5	7	3	8	6	4	2	9	1
2	1	8	7	3	9	4	5	6
9	6	4	1	5	2	8	3	7
7	3	9	4	1	6	5	8	2
1	8	2	9	7	5	3	6	4
6	4	5	3	2	8	7	1	9
4	9	6	2	8	3	1	7	5
3	5	7	6	4	1	9	2	8
8	2	1	5	9	7	6	4	3

117

9	7	2	3	1	5	8	6	4
3	8	4	2	6	9	1	5	7
5	1	6	7	8	4	9	2	3
2	4	1	5	3	8	6	7	9
7	9	5	6	4	1	3	8	2
6	3	8	9	2	7	5	4	1
1	6	3	4	5	2	7	9	8
4	5	9	8	7	3	2	1	6
8	2	7	1	9	6	4	3	5

118

5	1	8	9	3	2	4	7	6
3	2	9	6	4	7	5	1	8
6	7	4	8	1	5	9	2	3
7	9	3	4	2	1	6	8	5
4	6	2	5	7	8	3	9	1
8	5	1	3	6	9	2	4	7
9	3	6	7	8	4	1	5	2
2	4	7	1	5	6	8	3	9
1	8	5	2	9	3	7	6	4

119

6	3	1	5	4	8	2	9	7
9	4	8	3	2	7	1	5	6
5	2	7	6	1	9	4	3	8
3	1	6	7	5	4	8	2	9
8	5	9	1	6	2	7	4	3
4	7	2	9	8	3	5	6	1
1	9	4	8	3	5	6	7	2
2	6	3	4	7	1	9	8	5
7	8	5	2	9	6	3	1	4

120

5	9	4	7	6	8	2	1	3
7	6	2	3	5	1	8	4	9
1	8	3	4	2	9	6	5	7
6	7	1	9	8	4	5	3	2
3	5	8	2	1	7	9	6	4
2	4	9	5	3	6	7	8	1
8	2	5	1	7	3	4	9	6
9	1	6	8	4	2	3	7	5
4	3	7	6	9	5	1	2	8

5	8	3	4	6	2	1	9	7
7	9	2	1	5	3	6	4	8
4	1	6	7	8	9	3	5	2
3	5	4	9	1	7	8	2	6
1	6	8	2	4	5	7	3	9
9	2	7	6	3	8	5	1	4
8	4	1	5	9	6	2	7	3
6	7	9	3	2	1	4	8	5
2	3	5	8	7	4	9	6	1

2	3	8	9	1	5	4	6	7
7	1	6	4	2	3	5	9	8
9	5	4	6	7	8	3	1	2
8	4	7	2	3	1	9	5	6
3	6	9	5	4	7	2	8	1
1	2	5	8	9	6	7	4	3
5	9	1	3	8	2	6	7	4
4	7	3	1	6	9	8	2	5
6	8	2	7	5	4	1	3	9

1	5	2	3	6	9	7	8	4
9	4	8	5	2	7	1	6	3
3	7	6	1	8	4	2	5	9
5	1	4	8	7	3	9	2	6
6	8	3	9	1	2	4	7	5
7	2	9	6	4	5	3	1	8
4	6	1	2	9	8	5	3	7
8	9	5	7	3	1	6	4	2
2	3	7	4	5	6	8	9	1

8	6	9	4	5	7	2	3	1
4	1	3	9	2	6	5	7	8
2	7	5	1	8	3	6	9	4
5	2	1	3	6	9	4	8	7
6	8	4	5	7	1	9	2	3
3	9	7	8	4	2	1	5	6
1	3	2	6	9	8	7	4	5
9	4	6	7	3	5	8	1	2
7	5	8	2	1	4	3	6	9

125

8	2	7	4	6	9	1	3	5
4	1	5	7	2	3	9	6	8
9	3	6	8	1	5	2	4	7
1	9	3	6	5	7	4	8	2
7	5	4	2	3	8	6	1	9
2	6	8	1	9	4	5	7	3
5	4	2	3	8	1	7	9	6
3	7	9	5	4	6	8	2	1
6	8	1	9	7	2	3	5	4

126

3	1	2	6	4	8	9	7	5
9	6	7	5	1	3	2	4	8
4	8	5	2	7	9	6	3	1
5	7	8	4	3	2	1	9	6
6	9	3	7	5	1	8	2	4
1	2	4	9	8	6	7	5	3
2	3	9	1	6	4	5	8	7
7	4	6	8	2	5	3	1	9
8	5	1	3	9	7	4	6	2

127

4	7	3	2	6	9	8	1	5
1	5	8	7	4	3	9	6	2
9	6	2	8	1	5	7	4	3
8	4	7	1	3	6	2	5	9
6	9	5	4	7	2	3	8	1
3	2	1	9	5	8	6	7	4
7	1	6	3	9	4	5	2	8
2	3	4	5	8	7	1	9	6
5	8	9	6	2	1	4	3	7

128

6	1	4	9	8	2	7	5	3
8	3	7	5	6	1	4	9	2
2	9	5	7	4	3	6	8	1
9	6	3	8	2	4	1	7	5
1	5	8	3	7	6	2	4	9
7	4	2	1	9	5	3	6	8
3	7	1	4	5	8	9	2	6
4	8	6	2	3	9	5	1	7
5	2	9	6	1	7	8	3	4

7	4	9	8	1	5	2	3	6
1	3	2	6	7	9	5	8	4
6	5	8	2	3	4	1	9	7
2	8	6	4	5	3	7	1	9
5	9	7	1	6	8	3	4	2
3	1	4	7	9	2	8	6	5
8	7	5	3	4	6	9	2	1
9	6	3	5	2	1	4	7	8
4	2	1	9	8	7	6	5	3

5	1	9	7	6	2	4	8	3
6	4	7	3	8	5	9	2	1
3	2	8	1	4	9	5	7	6
9	7	3	8	5	6	2	1	4
4	6	2	9	1	7	8	3	5
8	5	1	2	3	4	7	6	9
2	8	6	5	9	1	3	4	7
7	9	4	6	2	3	1	5	8
1	3	5	4	7	8	6	9	2

6	7	9	4	2	3	8	5	1
5	2	8	1	7	6	9	4	3
1	4	3	9	5	8	6	7	2
3	9	7	6	1	4	2	8	5
8	6	4	2	3	5	7	1	9
2	5	1	7	8	9	3	6	4
4	8	2	3	6	1	5	9	7
9	3	5	8	4	7	1	2	6
7	1	6	5	9	2	4	3	8

5	6	9	2	3	4	7	1	8
1	2	7	8	9	6	4	3	5
4	8	3	1	7	5	6	2	9
9	7	1	5	8	3	2	6	4
6	3	8	9	4	2	5	7	1
2	4	5	7	6	1	9	8	3
3	9	4	6	1	7	8	5	2
7	1	2	4	5	8	3	9	6
8	5	6	3	2	9	1	4	7

133

8	9	6	3	2	5	7	1	4
5	7	2	4	1	9	3	8	6
3	4	1	8	6	7	5	9	2
6	2	3	7	9	8	1	4	5
7	5	8	2	4	1	9	6	3
9	1	4	6	5	3	8	2	7
4	3	9	5	8	6	2	7	1
2	8	5	1	7	4	6	3	9
1	6	7	9	3	2	4	5	8

134

1	4	9	8	3	6	2	7	5
6	2	8	5	7	9	3	4	1
3	5	7	4	1	2	9	6	8
2	7	1	9	8	5	6	3	4
5	8	6	3	2	4	1	9	7
4	9	3	7	6	1	5	8	2
7	3	5	2	9	8	4	1	6
8	1	2	6	4	3	7	5	9
9	6	4	1	5	7	8	2	3

135

6	9	1	2	5	7	8	4	3
2	7	4	3	1	8	6	9	5
8	3	5	4	9	6	2	7	1
4	8	6	7	2	1	5	3	9
9	2	3	6	4	5	7	1	8
5	1	7	9	8	3	4	6	2
3	5	8	1	6	4	9	2	7
7	4	9	5	3	2	1	8	6
1	6	2	8	7	9	3	5	4

136

3	9	8	7	2	5	1	6	4
4	1	7	8	6	9	2	3	5
5	2	6	3	1	4	9	7	8
2	4	5	6	9	8	7	1	3
6	7	9	1	5	3	8	4	2
1	8	3	2	4	7	6	5	9
9	3	1	4	7	2	5	8	6
8	6	2	5	3	1	4	9	7
7	5	4	9	8	6	3	2	1

1	4	7	6	3	9	2	8	5
3	5	9	8	4	2	1	7	6
6	2	8	7	1	5	3	4	9
8	1	2	3	7	6	9	5	4
7	3	4	9	5	8	6	1	2
9	6	5	4	2	1	7	3	8
4	8	6	1	9	3	5	2	7
5	9	1	2	8	7	4	6	3
2	7	3	5	6	4	8	9	1

6	7	5	8	1	4	9	3	2
1	9	3	2	7	6	4	8	5
4	8	2	5	3	9	7	6	1
2	5	4	3	6	1	8	7	9
3	6	9	7	8	2	5	1	4
8	1	7	4	9	5	6	2	3
5	4	6	1	2	8	3	9	7
9	3	1	6	4	7	2	5	8
7	2	8	9	5	3	1	4	6

2	5	9	1	3	7	8	4	6
1	8	6	2	4	5	3	9	7
4	7	3	8	6	9	1	2	5
8	6	2	5	1	3	9	7	4
5	3	4	7	9	8	2	6	1
7	9	1	6	2	4	5	3	8
9	2	7	4	5	1	6	8	3
3	4	5	9	8	6	7	1	2
6	1	8	3	7	2	4	5	9

7	3	5	9	2	8	4	1	6
1	2	8	6	4	5	7	3	9
4	9	6	7	1	3	8	5	2
3	8	9	5	6	4	2	7	1
6	7	2	1	3	9	5	8	4
5	1	4	8	7	2	9	6	3
8	5	3	2	9	6	1	4	7
2	6	7	4	8	1	3	9	5
9	4	1	3	5	7	6	2	8

141

7	4	3	8	5	2	9	6	1
8	1	9	3	6	4	5	2	7
5	6	2	1	7	9	8	3	4
6	5	7	9	8	3	1	4	2
9	3	1	2	4	7	6	8	5
4	2	8	5	1	6	7	9	3
3	8	6	7	2	1	4	5	9
2	7	5	4	9	8	3	1	6
1	9	4	6	3	5	2	7	8

142

9	2	8	5	7	1	4	6	3
6	5	1	9	3	4	7	8	2
7	4	3	2	6	8	1	5	9
2	1	9	4	5	7	8	3	6
8	7	6	3	1	9	5	2	4
5	3	4	6	8	2	9	1	7
4	9	5	1	2	6	3	7	8
1	6	7	8	4	3	2	9	5
3	8	2	7	9	5	6	4	1

143

5	7	3	6	1	4	9	2	8
1	9	2	8	7	5	3	4	6
8	4	6	2	3	9	1	5	7
9	1	8	4	6	3	2	7	5
4	2	7	5	9	8	6	1	3
6	3	5	1	2	7	8	9	4
3	6	9	7	4	2	5	8	1
2	8	4	3	5	1	7	6	9
7	5	1	9	8	6	4	3	2

144

4	8	5	3	6	7	2	9	1
6	2	3	5	9	1	4	7	8
7	9	1	8	4	2	5	6	3
1	3	9	6	8	5	7	2	4
8	6	7	2	1	4	3	5	9
5	4	2	9	7	3	8	1	6
3	1	4	7	2	9	6	8	5
2	5	6	1	3	8	9	4	7
9	7	8	4	5	6	1	3	2

145

9	6	1	3	2	5	4	7	8
5	2	3	7	8	4	6	9	1
7	8	4	9	1	6	5	2	3
6	9	2	4	5	8	1	3	7
8	4	7	2	3	1	9	6	5
3	1	5	6	9	7	8	4	2
2	5	6	8	7	9	3	1	4
1	7	9	5	4	3	2	8	6
4	3	8	1	6	2	7	5	9

146

5	8	6	4	2	9	1	7	3
4	3	1	6	7	5	2	8	9
7	2	9	1	8	3	6	4	5
2	4	3	5	9	7	8	6	1
9	1	8	3	6	4	7	5	2
6	7	5	2	1	8	3	9	4
8	6	4	9	3	2	5	1	7
3	9	7	8	5	1	4	2	6
1	5	2	7	4	6	9	3	8

147

6	3	5	7	9	4	2	8	1
8	4	1	6	3	2	7	5	9
7	2	9	1	8	5	6	3	4
3	9	6	4	2	8	1	7	5
4	7	2	5	1	9	3	6	8
5	1	8	3	6	7	4	9	2
9	8	7	2	4	6	5	1	3
1	6	4	9	5	3	8	2	7
2	5	3	8	7	1	9	4	6

148

1	4	7	5	9	8	6	3	2
2	5	6	3	4	7	9	1	8
8	3	9	1	6	2	5	4	7
3	1	4	8	5	9	2	7	6
9	6	5	7	2	1	3	8	4
7	8	2	4	3	6	1	9	5
4	2	1	9	8	5	7	6	3
6	7	3	2	1	4	8	5	9
5	9	8	6	7	3	4	2	1

149

3	4	6	5	8	9	7	1	2
9	1	5	7	2	3	6	8	4
7	8	2	4	1	6	3	5	9
4	2	9	8	6	1	5	7	3
8	6	7	3	5	2	9	4	1
1	5	3	9	4	7	2	6	8
5	7	8	2	3	4	1	9	6
2	9	1	6	7	8	4	3	5
6	3	4	1	9	5	8	2	7

150

7	6	4	2	8	1	9	3	5
5	1	9	3	7	4	6	8	2
8	3	2	6	5	9	1	7	4
4	8	3	7	2	6	5	9	1
2	5	6	9	1	8	3	4	7
1	9	7	5	4	3	2	6	8
3	4	8	1	9	5	7	2	6
6	2	1	4	3	7	8	5	9
9	7	5	8	6	2	4	1	3

151

3	4	6	8	9	1	2	5	7
1	5	8	3	2	7	9	6	4
9	7	2	5	4	6	1	8	3
6	1	7	9	8	2	3	4	5
4	8	3	1	7	5	6	2	9
2	9	5	4	6	3	8	7	1
8	3	1	6	5	4	7	9	2
7	6	4	2	3	9	5	1	8
5	2	9	7	1	8	4	3	6

152

5	3	7	9	1	2	8	4	6
8	6	2	3	7	4	1	9	5
4	1	9	8	6	5	3	2	7
6	9	8	4	2	3	7	5	1
2	7	5	1	8	6	4	3	9
3	4	1	5	9	7	6	8	2
9	8	6	2	3	1	5	7	4
7	5	3	6	4	9	2	1	8
1	2	4	7	5	8	9	6	3

4	1	2	3	6	9	5	7	8
3	9	8	5	7	4	6	1	2
5	7	6	8	1	2	3	9	4
1	8	4	6	3	7	2	5	9
7	6	5	2	9	8	4	3	1
9	2	3	1	4	5	7	8	6
6	4	9	7	5	1	8	2	3
2	5	1	4	8	3	9	6	7
8	3	7	9	2	6	1	4	5

3	9	1	5	6	4	8	7	2
6	2	8	9	3	7	5	1	4
5	4	7	2	1	8	6	9	3
7	8	2	3	4	1	9	6	5
9	3	5	6	7	2	4	8	1
4	1	6	8	9	5	2	3	7
2	7	3	4	8	6	1	5	9
8	5	9	1	2	3	7	4	6
1	6	4	7	5	9	3	2	8

153 **154**

155 **156**

4	7	3	1	8	5	6	2	9
6	5	8	2	9	7	1	4	3
2	9	1	4	3	6	5	8	7
9	8	4	6	5	3	2	7	1
5	2	7	9	1	4	8	3	6
1	3	6	8	7	2	4	9	5
3	1	5	7	2	8	9	6	4
8	4	9	3	6	1	7	5	2
7	6	2	5	4	9	3	1	8

2	8	9	7	3	4	1	5	6
7	1	3	5	6	2	9	4	8
5	4	6	1	9	8	3	7	2
6	7	5	8	4	9	2	1	3
3	2	8	6	7	1	5	9	4
1	9	4	2	5	3	6	8	7
9	3	7	4	1	6	8	2	5
8	5	1	3	2	7	4	6	9
4	6	2	9	8	5	7	3	1

157

1	2	7	6	3	8	9	4	5
3	5	9	4	1	7	8	6	2
4	6	8	9	5	2	7	3	1
2	9	5	8	4	3	6	1	7
6	3	4	1	7	9	5	2	8
7	8	1	2	6	5	3	9	4
9	1	3	5	8	4	2	7	6
8	4	2	7	9	6	1	5	3
5	7	6	3	2	1	4	8	9

158

9	6	4	7	1	3	5	8	2
1	2	5	6	4	8	7	3	9
8	7	3	9	2	5	4	1	6
5	3	7	2	8	6	9	4	1
2	1	9	3	5	4	8	6	7
4	8	6	1	7	9	3	2	5
7	5	1	4	3	2	6	9	8
3	9	8	5	6	1	2	7	4
6	4	2	8	9	7	1	5	3

159

8	3	4	6	2	7	9	5	1
2	9	6	4	1	5	3	8	7
7	5	1	8	3	9	2	4	6
1	2	5	3	9	4	6	7	8
3	4	8	7	5	6	1	2	9
6	7	9	2	8	1	5	3	4
9	8	3	1	7	2	4	6	5
5	6	2	9	4	8	7	1	3
4	1	7	5	6	3	8	9	2

160

1	6	3	2	9	5	7	4	8
2	9	4	1	8	7	5	6	3
8	7	5	3	6	4	1	2	9
7	5	8	4	3	1	2	9	6
6	4	2	9	5	8	3	1	7
3	1	9	7	2	6	8	5	4
4	8	1	5	7	9	6	3	2
9	2	7	6	1	3	4	8	5
5	3	6	8	4	2	9	7	1

www.ingramcontent.com/pod-product-compliance
Lightning Source LLC
LaVergne TN
LVHW020430080526
838202LV00055B/5118

9787576049534